プレゼン思考で変えるあなたの人生

本番力

FMアカデミー代表取締役
中村 正光
Masamitsu Nakamura

文芸社

あなたは今、プレゼンを目の前にして緊張しています。

初めて会うクライアントだが、うまく話せるだろうか？
自分の話を、興味を持って聞いてもらえるだろうか？
服装はおかしくなかっただろうか？
若すぎるからと見下されないだろうか？

いま、あなたにできることは、ただ一つ。
ありのままの自分を肯定して、クライアントに臨むこと。
自分自身に自信の持てないあなたの言葉には
何の説得力もありません。
まずは自分自身を信じること。

本書ではそのための「3つの原則」と
「心を準備する方法(マインドセット)」を説明していきます。

序章
営業で活躍されている人びとへ

「今があなたの人生です。リハーサルではありません」──ジム・ドノヴァン

　プレゼンテーション能力は、営業行為において大切なコンポーネントのひとつです。

　既に読者のみなさんは、ご自身の経験や見識にもとづいてプレゼンテーションをおこなっておられることでしょう。しかし、プレゼンテーションをおこなえばおこなうほど、物足りない気持ちになったこと、ありませんか？

　もっとうまくプレゼンテーションできないものか、それによって、もっとたくさんの顧客を引きつけられないか、信頼を得られないか──。そんなお悩みを抱えていらっしゃる方にこそ、ぜひ、本書をお読みいただきたいと思います。

　本書でみなさんにお伝えしたいことは、非常にシンプル。

　ロゴス（話の構成）、エトス（あなたの印象）そしてパトス（どのように話すか）の3点です。本書では、この3点にみなさん自身のマインド部分をセットして、より効果的なプレゼンテーションのスキルをお伝えしたいと思います。

　といっても、決して難しいことではありません。

　私たちは、生まれてきてから無意識のうちに、さまざまなプレゼンテーションをおこなっています。

　要はそれを原理的に自覚し、そこにみなさんの個性を織り込むと

いうこと。

その習得により、みなさんは自分らしく振る舞いながら、営業成果もよりいっそう高めることができるのです。

みなさんのプレゼンテーション能力を高めるために、ぜひ、本書をご活用ください。

効果的なプレゼンテーションで営業成績を上げましょう！

コミュニケーションスキルは天性のものではなく、容易に訓練で身に付けることができるものです。

本番力
プレゼン思考で変えるあなたの人生

目　次

序章　営業で活躍されている人びとへ　5

Ⅰ　プレゼンテーションとは———————————13

プレゼンテーションの定義　14
コミュニケーションスキルの必要性に関して　15
人生に与えるインパクト　Presentation is Everything！　15
プレゼンテーションスキルはどのような人に必要か　17

Ⅱ　プレゼンテーションスキルの3大要素　ロゴス・エトス・パトス———————————19

ロゴスとは？　20
エトスとは？　21
パトスとは？　22
メラビアンの法則　23

ロゴス　印象に残るプレゼンテーションを組み立てる技術　25

スキル1　シンプルでインパクトのあるプレゼンテーションの構成　25

プレゼンテーションの構造　25

スキル2　要点を3つにまとめる　27

スキル3　プレゼンテーションのフォーマット　30

スキル4　マジックナンバー「3」
プレゼンテーションの要点を3つにまとめる理由　35

スキル 5	3つのポイントでクライアントを「秒殺」エレベータートーク 36
スキル 6	目的の設定とアクションの設定 37
スキル 7	情報を収集して商品の特徴と価値を明確にする 38
スキル 8	根拠となる情報 40
スキル 9	アナロジーの活用 40
スキル 10	質問とクロージング 42

エトス　相手に好ましい印象を与える技術──自分らしさの証明 44

あなたのイメージは出会って7秒で判断されている 45

視覚力の強さと第一印象のパワー 46

| スキル 11 | 人間的側面──自分自身であること 47 |

ありのままの自分とセルフエスティーム（Self-Esteem） 47

パトス　相手に影響力を与える発表スタイル 49

| スキル 12 | アイコンタクト 49 |

アイコンタクトの戦略　1対1の場合 50

アイコンタクトの戦略　1対多人数の場合 51

クラスターテクニック 52

スキル13 声　53

スキル14 ジェスチャー　54
手の位置の重要性　55

スキル15 視覚物の利用　59
現在のプレゼンテーションに使われる視覚物と注意点　59
ノートパソコン＆プロジェクターを使用する際の注意点　61
パワーポイントのデータを視覚物として使用する際の注意点　62
プレゼンター自身が最高の視覚材料　62

スキル16 相手のコミュニケーションスタイルへの理解　63
ミラーリング効果の活用
（ビジネスにおける４つのコミュニケーションスタイル）　63
 1．表現的なコミュニケーションスタイル　64
 2．率直的なコミュニケーションスタイル　65
 3．フレンドリーなコミュニケーションスタイル　66
 4．分析的なコミュニケーションスタイル　67

Ⅲ　マインドセット 69

スキル17 「あがり」への対応　70

スキル18 「吃音」への対応　71

スキル19 自分自身であることの証明と個性の発揮　72

　　ケーススタディ①　奇跡の番狂わせを呼んだ妻の一言　73
　　ケーススタディ②　仕事人間の夫を変えた妻の一言　74
　　ケーススタディ③　引っ込み思案の息子を変えた父の一言　76
　　ケーススタディ④　名将が抑えのエースにかけた一言　77
　　ケーススタディ⑤　マインドセットができている大型新人　78
　　ケーススタディ⑥　ネガポ変換したプラス思考で
　　　　　　　　　　　コミュニケーションを改善　79

Ⅳ　次のステップ　失敗を恐れずに実践すること ──── 81

Ⅴ　実　践　例 ──────────── 85

参考文献　92

column　笑顔の効用　68
column　リレイトークと比喩（アナロジー）の重要性　84
column　選択と自由─Viktor Emil Frankl─　90

I

プレゼンテーションとは

■プレゼンテーションの定義

プレゼンテーションとは、コミュニケーションのひとつの形です。
明確な目的を持って相手から合意を得て、アクションを起こすためのコミュニケーションが、プレゼンテーションです。

プレゼンテーションと聞くと、大半の人が、大勢の聴衆の前で発表をしたり、取引先の会議室で、パワーポイントで作成した資料をプロジェクターで投影して、商品やサービスの説明をしたりすることを想像します。

しかし、ビジネスやプライベートで交わされるコミュニケーションの一つひとつには目的があり、合意を得て何かしらのアクションをとるためのコミュニケーションはすべてプレゼンテーションとなるのです。

I　プレゼンテーションとは

　プレゼンテーションはコミュニケーションのコアであり、コミュニケーションの目的を達成できるかどうかは、プレゼンテーションの質とスキルが大きくかかわってきます。

　本書では、プレゼンテーションの原則を理解していただくところから始めて、特に営業担当者が商談の質を向上させるためのスキルを紹介してまいります。

■コミュニケーションスキルの必要性に関して

　コミュニケーション能力は生まれついての才能ではありません。単に原則を理解し、訓練すれば習得できるものです。

　グローバルな視点で見ますと、単純で明確なコミュニケーションスキルはさらに重要性を増していることは歴然としています。
　なぜなら多くの国は複数の人種の混合で構成されているために、その伝達力と合意を得るべく影響は、コミュニケーションスキルによって結果に対して非常に大きく左右されます。海外で生活もしくは仕事をされている方は痛感されていると思います。

■人生に与えるインパクト　Presentation is Everything！

　本書は営業に従事されている方々をターゲットとしていますが、プレゼンテーションはすべての人にとって大切なコンポーネントです。

なぜなら、人生とはコミュニケーションの連続だからです。コミュニケーションを積み重ねたものが人生であると言っても過言ではありません。言葉をしゃべることのできない赤ちゃんですら、ボディランゲージという身体を使った表現でコミュニケーションをとっているのです。

プレゼンテーションの原則にのっとって、あなたらしく表現された自然体の言葉は、あなたの営業成績を飛躍的に向上させるだけでなく、あなた自身の人生をより豊かなものにしていくことでしょう。

赤ちゃんがむずがるのも大事なコミュニケーションのひとつ

■プレゼンテーションスキルはどのような人に必要か

　現在のあなたのビジネスにおいて、
　現在のあなたの私生活において、
　現在のあなたの人生において、
　次の項目のひとつでも当てはまるようでしたら、プレゼンテーションスキルの習得が必要です。

・思い通りにいっていない
・ドキドキすることがある
・違和感がある
・やり方は正しいはずなのに成果が出ない
・話が長いといわれる
・うまく考えがまとまらない
・努力が報われない
・意図が伝わらない
・話を聞いていてイライラする
・満たされていない
・ある人の提案は何故いつも通るのだろう？
・いつもの自分らしく話ができていない

　プレゼンテーションスキルの習得は、以上の問題の解決に大きく貢献します。
　社会的存在である人間のすべての活動のベースとなるのがコミュニケーションであり、プレゼンテーションスキルの習得は、あなたのコミュニケーションをより円滑なものにし、人生に大きな変化を

もたらすでしょう。

　すなわち、思い通りに人生の舵とりをする鍵を手に入れることになるのです。

プレゼンテーションスキルを身につけたら、自分の人生を思い通りに舵とりできる魔法の鍵を手にしたようなもの

II

プレゼンテーションスキルの3大要素 ロゴス・エトス・パトス

「誰が」「何を」「どのように話す」のか。

この3点の要素がプレゼンテーションに大きく影響を与えます。

プレゼンテーションは「商品をいかに相手に強く印象づけられるか」、そして「多くの顧客を引きつけられるか」が重要ですが、そうしたインパクトは「ロゴス」「エトス」「パトス」の3つによって構成されています。

すなわち、

「何を話すのか」……………ロゴス
「誰が話すのか」……………エトス
「どのように話すのか」……パトス

ということになります。

■ロゴスとは？

ロゴス（logos）とは、言葉や思考、データ（情報）を意味し、プレゼンテーションの現場においては、発表の目的・構成・中身を示します。

ウィキペディアでは、次のように解説されています。

古典ギリシア語のλόγοςの音写で、
1. 概念、意味、論理、説明、理由、理論、思想などの意味。
2. キリスト教では、神のことば、世界を構成する論理としてのイエス・キリストを意味する。
3. 言語、論理、真理の意味。転じて「論理的に語られたもの」「語りうるもの」という意味で用いられることもある。

> 　ロゴスを最初期に世界原理とした哲学者はヘラクレイトスである。たえず流動する世界を根幹でつなぐのがロゴスである、とされた。ロゴスは、世界を構成する言葉、論理として把握される。

■エトスとは？

　エトス（ethos）とは、性格や習慣を意味する言葉であり、プレゼンテーションの現場においては、発表する人物（プレゼンター）のイメージを示します。プレゼンテーションをする人物、その人物の地位、服装、雰囲気をイメージすることによって、商品あるいはサービスに関して相手に強いインパクトを与えられるのです。

　エトスは「エートス（ēthos）」とも言い、ウィキペディアでは次のように解説されています。

> 　エートス（古希: ἦθος, ἔθος ;ethos,複: ἤθη ἤθεα ;ethe,ethea）は、「いつもの場所」（ἤθεα ἵππων）を意味し、転じて習慣・特性などを意味する古代ギリシア語である。

デジタル大辞泉を見ると、

> 　アリストテレス倫理学で、人間が行為の反復によって獲得する持続的な性格・習性。一般に、ある社会集団・民族。

百科事典マイペディアでは、

> ギリシア語で性格や慣習を意味することば。アリストテレスによって哲学的用語として用いられたが、ウェーバーはそれを再びとりあげ、社会学的認識のための概念として再定式化した。

以上のように解説されています。

■パトスとは？

パトス（pathos）とは、感情を意味する言葉であり、プレゼンテーションの現場においては、プレゼンターの表情やジェスチャー、声、動作、視覚資料、間、距離、描写などのテクニックが、これにあたるといえるでしょう。こうしたテクニックの有無が、相手の購買意欲に深くかかわってきます。パトスも、ロゴスやエトスと同じ古代ギリシア語です。goo辞書によれば、

> アリストテレス倫理学で、欲情・怒り・恐怖・喜び・憎しみ・哀(かな)しみなどの快楽や苦痛を伴う一時的な感情状態。情念。

百科事典マイペディアでは、

> ギリシア語で、〈受動的状態〉〈感情〉〈情念〉などの意。英語読みでペーソス。passionやpatienceとも同系で、〈受苦〉〈受難〉〈苦悩〉などを含意する。能動的・理性的契機としてのエートスやロゴスと対比され、西洋哲学の主流では否定的な位置づけがなされてきた。

と解説されています。

■メラビアンの法則

アメリカの心理学者アルバート・メラビアン（1939-）が1971年に提唱した法則で、対人コミュニケーションにおいて、ロゴス、エトス、パトスの3要素が相手に与える影響力の割合を表しています。

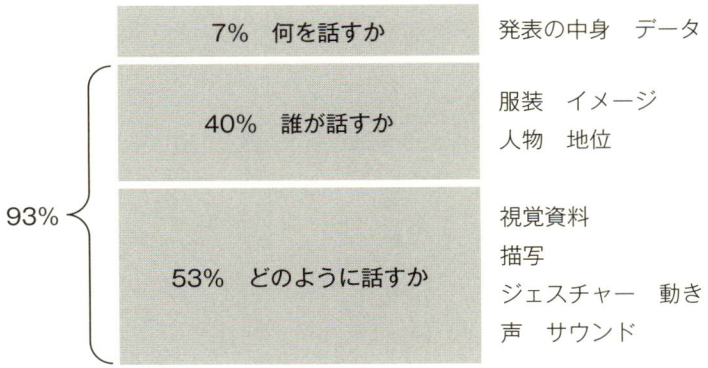

こうしてみると「ロゴス：プレゼンテーションの内容」が持つ影響力は他の2つと比べて非常に低く、見た目や伝え方でプレゼンテーションの良し悪しが決まるかのように思えてきます。

しかし、プレゼンテーションの原則に沿って考えると、実際にはロゴス、すなわち、伝えたい内容が明確にされているかどうかが重要です。何故ならば、中身を明確にしていなければ自信を持つことができず、安心したイメージも感情も発揮されないため、エトスとパトスに大きく影響するからです。

この法則にもとづき「見た目が一番重要」「話の内容よりも喋り

方のテクニックが重要」と解釈されているようです。就職活動の面接対策セミナー、営業セミナー、自己啓発書、話し方教室などで、この解釈がよく用いられますが、これは誤りです。中身もまとまりもない話は、誰にも歓迎されません。

では次から、重要なプレゼンテーションスキルを説明していきましょう。

あなたのプレゼン、話の内容はリスナーの心を惹きつけていますか？

ロゴス
印象に残るプレゼンテーションを組み立てる技術

　ロゴス（logos）とは、言葉や思考、データ（情報）を意味し、プレゼンテーションの現場においては、発表の目的・構成・中身を示します。ここで説明するのはプレゼンで「目的は何か」「何を話すのか」「何の合意を得るのか」という基本的な部分です。

スキル1　シンプルでインパクトのあるプレゼンテーションの構成

　どのような構成内容であれば、リスナーにとって聞きやすく、インパクトがあり、自分自身も落ち着いたプレゼンテーションができるのでしょうか？
　プレゼンテーションの原則に沿った構成を説明します。

■プレゼンテーションの構造

　プレゼンテーションを構成する際に「コミュニケーションの3段階」を押さえることで、最もシンプルでパワフルに伝えることができます。

【コミュニケーションの3段階】
1. リスナーがメッセージを受け取る準備ができていることを確認する

2. メッセージを伝達する
3. リスナーがメッセージを受け取り、理解したことを確認する

　プレゼンテーションの現場では、以下のような形をとります。

1. これから何を話すかポイントを述べる
2. 本論を詳しく話す
3. 最後にもう一度、何を話したかをポイントで確認する

　これが、相手に強いインパクトを与えるための基本構造です。
　先に何を話すかを述べることで、リスナーは、現在の話が全体の中でどの位置にあるかを常に確認でき、落ち着いて聞くことができます。さらに、あとどのくらいで発表が終わるということも予想できるため、最後まで安心してプレゼンテーションを聞いてもらえるのです。
　また、最後のポイントの繰り返しにより、何の話があったかを鮮明に確認、理解ができます。話し手も、最後にポイントを繰り返すことにより、大切なメッセージをパワフルに伝えられます。
　プレゼンテーションが本当にこのように単純であるか、実例を使って説明しましょう。
　車のディーラーさんによる、ある見込み客に対しての説明です。
　今回のお客様は、35歳会社員。奥様とお子様は2人のトータル4人のご家族構成です。
　ディーラーの営業の方は、何を説明すべきか、いろいろと頭の中によぎります（実際には、お客様の要求条件を質問することがベストですが、ここでは一方的な車の紹介とします）。
　まず、このプレゼンテーションの目的を明確にします。今回は

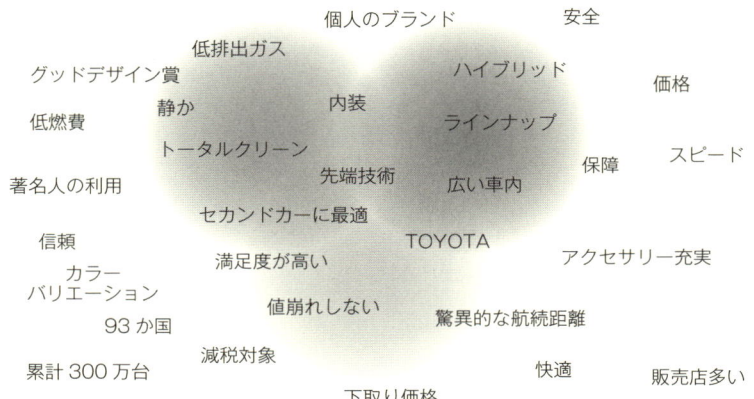

「Prius新型車の説明会で参加者に試乗してもらう」ですね。

目的が明確になりましたら、プレゼンテーションの中身の検討に入ります。

そして最初にするべきは、伝えたいことをすべて書き出すことです。プレゼンテーションを構成するにあたり、まず相手に伝えたいことをすべて列挙します。相手のメリットに重点をおきながら、可能な限り数多く、最低30以上の項目を紙に書きだしましょう。例えば、価格や性能、スピード、低燃費、航続距離、ハイブリッド、補助金、いざという際に対応できるディーラー数など、考えられる限りの伝えたい項目をあげてください。

スキル2 要点を3つにまとめる

次に、出し切った一つひとつの事柄を、3つの大項目にグルーピ

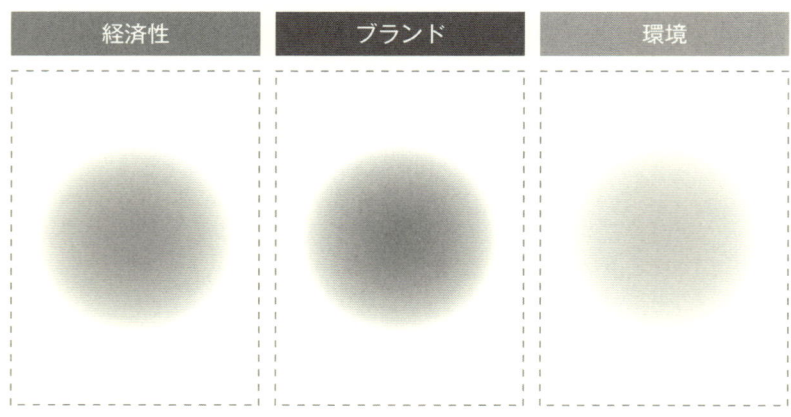

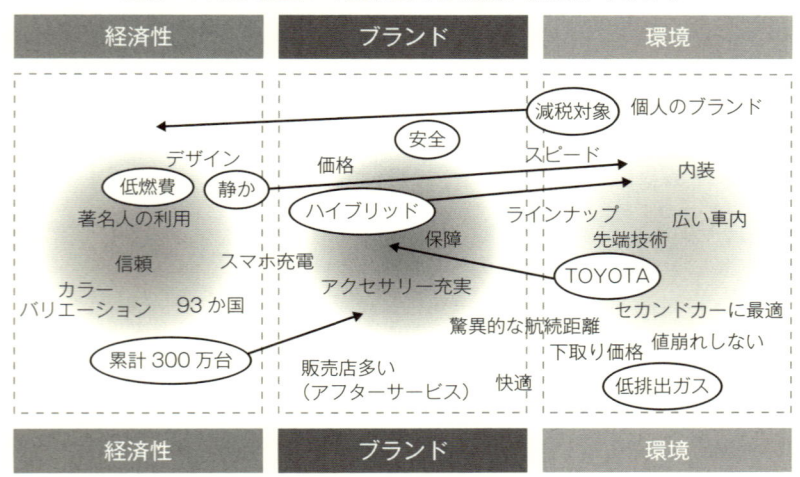

ングしてください。最もインパクトのあるプレゼンテーションの構造に落とし込むためです。

　プレゼンテーションの目的と、ターゲット（お客様）へのメリットを熟慮しましょう。その上で、考え出した多くの情報を網羅でき、かつ、シンプルで相手にとってわかりやすい3つのワードからグループを創ります。

　この3つのグルーピングが、プレゼンテーションの構成で最も重要で、一番、頭を絞るポイントです。

　3つのワードは、お客様（リスナー）により適切なものを選びます。

　今回の例であれば、相手が何に関心を持っているのかを考慮し、3つの代表ワード、たとえば「経済性」「ブランド」「環境」とグルーピングします。価格や低燃費といった項目は「経済性」に、性能やディーラー網（アフターサービス）といった項目は「ブランド」にそれぞれ入れられるでしょう。

目的：Prius 新型車の説明会で参加者に試乗してもらう

経済性	ブランド	環境
価　格 低燃費 減　税	安全 TOYOTA 信頼 各種性能	ハイブリッド 低排出ガス 静か
アクセサリー充実 驚異的な航続距離 保障 値崩れしない　下取り価格 セカンドカーに最適	累計 300 万台 カラー　　93 か国 バリエーション 　　　著名人の利用 最適な音響　広い車内 グッド　内装　個人のブランド デザイン賞　ラインナップ	トータルクリーン 先進技術
経済性	ブランド	環境

結論：試乗をお願いします

Ⅱ　プレゼンテーションスキルの3大要素ロゴス・エトス・パトス

29

　各項目をその3つのグループに分け入れて、与えられた時間に応じて、各グループで重要な項目をピックアップします。
　これで、プレゼンテーションに必要な3つのグループとその内容が完成しました。

スキル3　プレゼンテーションのフォーマット

　プレゼンテーションのフォーマットは、一般的には下記のようになります。

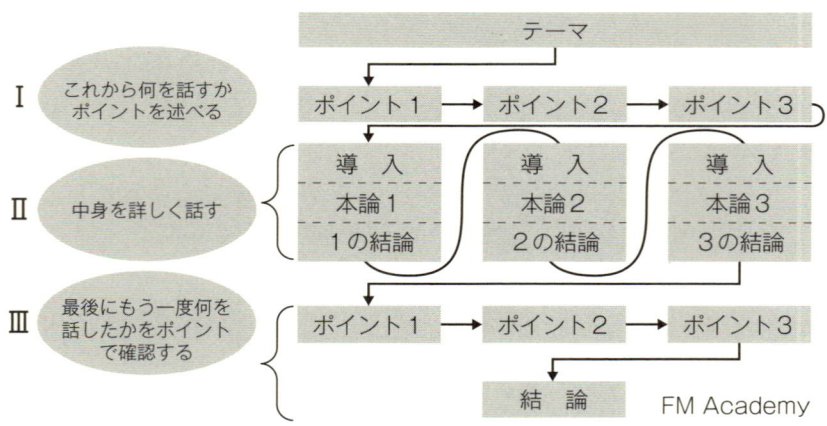

テーマ

> ①プレゼンテーションのテーマを明確にします。
> 例）本日は新型のPriusを紹介します。興味のある方は試乗をお願いします。

↓

ポイント

Ⅰ
> ②プレゼンテーションのポイント3点（3つのグループ）について＝これから何を話すか要点を述べます。
> 例）「これから『経済性』『ブランド』『環境』の3点について発表いたします」

↓

本論（中身）

Ⅱ
> ③各グループの中身について話します。
> 例）「経済性」のグループであれば、価格・低燃費・補助金などについて発表時間に合わせて、量を選択し、各グループの中身を説明します。もし発表時間が1時間であれば、すべての項目を網羅し、5分の持ち時間であれば、各項目は2、3個ずつに絞りましょう。

↓

話したポイントを繰り返す

Ⅲ
> ④再度、プレゼンテーションのポイント3点を話します（もう一度、何を話したかをまとめます）。
> 例）「以上、『経済性』『ブランド』『環境』の3点について発表いたしました」

↓

結論

> ⑤最後に、結論として目的に則したクロージングをおこないます。
> 例）「ぜひ、この機会に試乗をお願いいたします」

　これが、原則にもとづいた効果的なプレゼンテーションフレームワークです。

　この原則に沿っていくことで、プレゼンターは安心してプレゼンテーションを進めることができます。

　シンプルな構成で相手の理解を深めて合意を得るスキルですから、リスナーが最も聞きやすく理解しやすいプレゼンテーションの形ともいえるでしょう。

　まずは、次回のプレゼンテーションの機会に実践し、その効果を実感してください。

> 一般のプレゼンテーション
>
> 　本日は当ディーラーにお越しいただきありがとうございます。
> 　今日は皆様に、当社自慢の新型ハイブリッド車をご紹介いたします。
> 　皆様ご存じのとおり、この車は現在全世界で300万台が使用され、非常に高い評価をいただいております。また、エコカー減税対象車です。
> 　平地での走行はリッター当たり30Kmと燃費がよく、二酸化炭素の排出も少ないうえ、エンジン音も静かですので、地球にやさしく、まさに今の時代に合致した車です。
> 　その他、室内が広くて居住性が高い、運転がしやすい、スタイルが良い、カラーを含むオプションの選択肢が多いなど、走行性能面以外にも高い評価をいただいております。
> 　また、人気の高い車ですので、下取り価格もトップクラスです。
> 　アフターサービスついてですが、万が一の事故や故障があったときは、全国をカバーする当社ディーラーで対応しますのでご安心ください。
> 　以上申し上げました観点から実際に試乗して、ご購入を検討くださるようお願い申し上げます。

II　プレゼンテーションスキルの3大要素ロゴス・エトス・パトス

　みなさんは普段何気なくこのようなプレゼンテーションをしていませんか？
　車の性能や機能、居住性などアピールすべきポイントは盛り込んであるのだから、これでいいじゃないかと思われるでしょうか？
　確かに情報の量としては必要にして十分なのですが、ただそれだけではリスナーの心に響いてはこないのです。
　では、上のプレゼンのどこがいけないのかですって？

　それでは次に、ロゴスの手法を用いたプレゼンをお目にかけますので、ご自分の目で比較してみてください。

スキル3のフォーマットに則ったプレゼンテーション

　本日は当ディーラーにお越しいただきありがとうございます。
　今日は皆様に、当社自慢の新型ハイブリッド車をご紹介いたします。
　ご紹介するにあたり、大きく3つの観点、①経済性、②ブランド、③環境から、ご説明させていただきます。
　まず1番目の経済性に関してですが、この車はエコカー減税対象車で、平地でリッター当たり30Kmと非常に燃費がよく、また下取り価格はトップクラスにあります。
　2番目のブランドに関してですが、現在全世界で300万台が使用されて高い評価をいただいており、万が一の事故や故障があったときでも、全国をカバーする当社ディーラーで対応しますのでご安心ください。
　その他、室内が広くて居住性が高い、運転がしやすい、スタイルが良く、カラーを含むオプションの選択肢が多いなど、走行性能面以外にも高い評価をいただいております。
　3番目の環境に関しましては、この車は二酸化炭素の排出が少なく、また静かですので、地球にやさしく、まさに今の時代に合致した車です。
　以上簡単に、①経済性、②ブランド、③環境という3つの観点からご紹介させていただきました。
　それでは実際に試乗して、ご購入を検討くださるようお願い申し上げます。

　どうですか？　盛り込まれている情報量は同じでも、副題を①経済性、③ブランド、③環境にわけてプレゼンテーションをおこない、

最後にその3点を繰り返すことで、より心の深いところに響いてきませんか？

　今までのやり方をほんの少し変えることで、あなたのプレゼンテーションは見違えるものになるはずです。

スキル4　マジックナンバー「3」プレゼンテーションの要点を3つにまとめる理由

　人は、3つのポイントで説明されたときに、非常に安心感を覚えます。1つや2つでは物足りず、4つ以上だと多すぎて覚えにくいのです。

　人とのコミュニケーションで大切なのは相手にとっての関心事であり、いかに印象に残り、そして明確に覚えてもらえるかということです。そのためには相手の要求条件を理解する必要があります。話したいことをだらだらと話しても、相手の印象に残りません。3という数字を念頭に置き、端的な言葉で伝えるように意識するのが効果的です。

　そしてロゴスの最重要点は、この3点に何を撰択するかです。

　人間は、考えるべき対象が3つであれば、素早いスピードで正確な情報の処理がおこなえるという性質を持っています。逆に4つ以上になると情報の処理スピードと正確性が著しく低下することが実証されています。

　人間は古来より3という数字を好み、特別な数字としてきました。

Ⅱ　プレゼンテーションスキルの3大要素ロゴス・エトス・パトス

古代ギリシアに起源をもつ「数秘学」という学問で、3はあらゆるものを発展させていく資質を持つため、創造的な力や破壊的な力と結びつきやすいとされています。そのためか、三位一体の象徴ともいわれ、宗教や神話の中では、とても多く用いられています。

また、3は「知性」を意味し、神聖なるものを理性的に見極める鋭い知性、霊的な世界の完全性としてとらえられています。

古今東西「3」という数字は聖数です。

東洋に古くからある陰陽思想では、奇数を陽数として尊び、偶数を陰数として嫌うと言われています。そのせいか、私たちの生活には3という数字があふれています。七五三、三三九度など、おめでたい儀式には奇数が使われます。

日本人は3という数字が好きだと言われますが、3という数字に対して特別な思いを抱くのは、洋の東西を問わない、人類共通の感覚のようです。

古くは「三国志」「三本の矢」「仏の顔も三度まで」「三つ子の魂百まで」「石の上にも三年」から「三匹の子豚」「三位一体」のように、あらゆる方面で強い印象を持つ数字として「3」は身近に存在します。

スキル5 3つのポイントでクライアントを「秒殺」エレベータートーク

企業トップや、それに近い役職にある方々は多忙で、それこそ一分一秒刻みの生活を送っています。ビジネスの世界はまさしく、時は金なり——といったところでしょう。

皆さん方のプレゼンは、そういう忙しい方々の貴重な時間を割い

て聞いてもらうものです。それこそアポイントメントがとれればラッキーで、あなたが新規参入をねらっている企業の営業マンなら、会ってもらえないことだってあるのです。

　そんなとき、ハリウッド映画などでよく見かけるのが、相手企業のトップが廊下を歩くのを後ろから追いかけて、同じエレベーターに乗り込み、ちょっといいですかと話しかける――そんな場面です。エレベーターがロビーに到着するまでの20～30秒の間に相手の気持ちを惹きつけるにはプレゼンのテーマを3つのポイントに絞り込み、興味を持っていただければ、アポイントメントをとることが可能となります。

　「私は○○商事の□□と申します。3点の観点（1――、2――、3――）から本件をご紹介したいのですが、一度お時間をいただけますでしょうか？」

　この3点が相手の関心事と一致していれば、間違いなくアポイントメントをとることが可能です。

　さあ、あなたにはエレベーターが地上に着くまでの短い間に、アポイントメントを取り付ける自信がありますか？

スキル6　目的の設定とアクションの設定

　このプレゼンテーションであなたは何を達成したいのか、その結果どのようなアクションをとるのか、その目的を明確にします。

　プレゼンテーションの目的とは、プレゼンテーションが向かうべき方向です。

　あなたは何のためにプレゼンテーションをするのか。

　結果として、リスナーは何を理解し、何を決定するのか。

期待するアクション！

→ 理解？
→ 無料体験？
→ 購入？

　その結果、アクションするのか？

　それぞれの点について考え、そのプレゼンテーションで得たい結果を明確にしておきましょう。

スキル7　情報を収集して商品の特徴と価値を明確にする

　予定されたプレゼンテーションのリスナーと目的によって、収集する情報材料は異なります。

　プレゼンテーションする商品の情報を、目的に沿って、お客様目線で収集します。商品・サービスの特徴（機能）ではなく、お客様にとっての価値（メリット）を中心に、それらの根拠となる具体的なデータを併せて整理・収集します。

　ここで意識したいのが、WIIFM（What's In It For Me ?）、すなわちリスナーにとっての価値です。

　英文ではFor YouではなくFor Meであることに着目してくださ

い。これはあなたがリスナーの気持ちになって考えなさいということなのです。

　一般的な提案の場でありがちなのが、商品の機能を中心にした、カタログ紹介のようなプレゼンテーションです。しかし、その機能はリスナーにとって具体的にどんなメリットがあるのか、どんな問題の解決に貢献するのかを伝えなければ、プレゼンが終わった後に「だから、何？」と言われてしまうかもしれません。

WIIFM＝What's In It For Me？

　プレゼンテーションをする時には、常にリスナーの立場になって、自分自身にこの質問を投げかけましょう。

例1)　スマートフォンAに関するプレゼンテーション
　　商品の機能・特徴：テザリングができる
　⇨お客様にとっての価値：どこでもノートPCをインターネットに接続できる

例2)　スマートフォンBに関するプレゼンテーション
　　商品の機能・特徴：IGZO搭載
　⇨お客様にとっての価値：3日間充電要らず

例3)　栄養ドリンクCに関するプレゼンテーション
　　商品の機能・特徴：アルギニン配合
　⇨お客様にとっての価値：飲むと元気になり、頑張れる

スキル8 根拠となる情報

　提案における情報には、その根拠となる資料が含まれることが重要です。よりインパクトのあるプレゼンテーションを構成するには、提案内容と関連性を持たせながら、根拠となる以下のポイントを押さえるとより信頼を得ることができます。

・論文
・議論の余地のない事実
・統計データ
・ケーススタディや実例
・デモンストレーション／ベンチマーク
・証言
　　専門家によるもの
　　エンドユーザーによるもの
　　組織によるもの
　　著名人／有名人によるもの
・仮説（もし〜だとしたらどうなるか）
・強力な視覚資料
・類似性（既知⇒未知）⇒アナロジー

スキル9 アナロジーの活用

　アナロジーとは、異なる2つを比較し、その類似性から相手の理解を促す手法です。新しい概念や機能を理解してもらいたいときに

役立ちます。
　優れた機能や特徴も、相手がイメージできる表現で伝えなくては理解を得られません。

　自己啓発の祖ともされるアメリカの作家デール・カーネギー（1888-1955）は、「自分自身はまったくよくわかっているが、それを聴衆にも同じようにはっきりと理解させるには、言い表そうとすることを聴衆によくわかるものと比べることである」としています。

　例えば、コンピュータに搭載されている「マイクロプロセッサー」を、一般の方にどう説明されるでしょうか？
　ウィキペディアでは「コンピュータなどに搭載される、プロセッサを集積回路で実装したものである」と解説しています。プロセッサ？　集積回路？　これが理解できる方は、そもそもマイクロプロセッサーについて説明を必要としない業界関係者か、つねにコンピュータと接している方でしょう。

　コンピュータのマイクロプロセッサーが果たす役割は、人の頭脳が果たす役割ととてもよく似ています。
　その類似性を用いて、相手にもっとわかりやすく機能を説明することができます。

「マイクロプロセッサーはコンピュータの頭脳です」

　アップル創業者であるスティーブ・ジョブズ（1955-2011）は、iPod shuffleとiPodがまだ目新しかったころに、そのサイズを説明するときに、こんな表現を使っていました。

Ⅱ　プレゼンテーションスキルの3大要素ロゴス・エトス・パトス

「iPod shuffleは、ガムのパッケージよりも小さくて軽いんだ」
「iPodは、トランプひと箱のサイズだ」

　「何グラム」「何センチ」と言われてもすぐには浮かばないイメージを、具体的なものと比較して「ああ、あの大きさか」と一瞬でイメージさせています。

　電話やインターネット、メールのすべてが、ひとつのスマートフォンでできることが"どれほど便利であるか"を伝えるのは、こんな一言です。

「iPhoneは、まるで自分の生活をポケットに入れているようなものだ」

　機能を言い尽くす以上に、その便利さがインパクトのある表現として伝わってくると思いませんか？
　「Xはまるで〜のようなものだ」というアナロジー表現を登場させ、聞き手にとっての既知の物事や慣れ親しんだ生活に落とし込む——こうすることで、聞き手がより具体的にイメージすることができるのです。
　しかも、説明を「絵」として浮かばせる表現は、聞き手の学習効果を高め、記憶に残りやすくなるはずです。

スキル10　質問とクロージング

　プレゼンテーションを通じて、リスナーが商品の特性や価値を十

分に理解したところで、プレゼンターであるあなたは「いかがでしたか？」と質問をします。
　プレゼンテーションの目的である「リスナーの合意」を確認するためです。
　このとき、リスナーは何と答えていいか分からず、しばらく黙ったままかもしれません。
　でも、それでいいのです。
　プレゼンターであるあなたは、リスナーが自分から話しだすまで、じっと沈黙を守らなければなりません。

　クロージングに向けての最もパワフルなアクションは、質問して黙ることです。

　その間は無言の状態に耐え、決して自分からは話しかけてはいけません。そうすることで、相手はその合意内容について考え始めます。プレゼンテーションの目的である「相手の合意」は、プレゼンターであるあなたが与えるのではなく、あなたが沈黙することでリスナーに考えさせ、リスナー自身が見つけるように仕向けてください。
　長い沈黙に耐えられなかったら、「何か質問がありますか？」と訊くことにより、リスナーの悩んでいる点をさらに明確にし、合意へと進めていくことができます。
　正しい質問はすべてのプレゼンで重要なことですが、それだけで一冊の本になるテーマですので、説明は別の機会へ譲ります。

エトス

相手に好ましい印象を与える技術——自分らしさの証明

　「エトス」は、あなた個人に対する信頼、イメージです。つまり、あなた自身の証明です。
　リスナーがあなたの誠実さと能力に対して持つ信頼であり、あなたが生まれながらにして持っている「好感度」と言い換えることもできます。

　自分らしくすることは重要ですが、プレゼンテーションの目的を達成するためには、同時に適切な変化をつけることも必要不可欠です。

　プレゼンテーションの目的達成に服装などの外見は非常に重要な要素です。**人は見かけで判断されると考えなくてはなりません。**
　顔・髪型・服装・態度は、自らの選択で変化させることが可能です。ことに品質の高い身なりと振る舞いで気持ちを引き締めると、相手にも立派に見え、信頼感を得られることがあります。

　自己の選択によって印象を左右する要素は、以下の7つです。
・服装／見た目
・姿勢／態度
・動作／身振り
・ジェスチャー／身振り手振り
・アイコンタクト＆顔の表情

・声のトーン
・言葉遣い

■あなたのイメージは出会って7秒で判断されている

　第一印象は会って7秒で決まるといわれています。

　第一印象は初対面の人に最初にインプットされてしまう情報であり、その人の性格や仕事の仕方、育ってきた環境など、今まで生きてきた人生までも想像されてしまう場合もあります。それほどまでに強いインパクトを与えるため、その後、その相手との関係に影響を及ぼしていきます。

　もし初対面の印象が「好ましいイメージの人」と「好ましくないイメージの人」が同じ行動をしたとしても、その行動に対する評価や受け取られ方はまったく違ってくるでしょう。これを「初頭効果」といいます。

　良い初頭効果は、その後のコミュニケーションやその人との関係をスムーズに働かせるようになり、反対に悪い初頭効果は、その人との関係をうまく持つことが難しくなりがちです。そして、その悪い初頭効果を拭い去るにはかなりの時間を要します。それどころか、うまくコミュニケーションを図ることすらできず、相手に嫌われてしまう可能性もあるのです。

　初対面のリスナーに「好ましい人」という第一印象を与えることに成功すれば、良いイメージのままプレゼンテーションの内容を受

け入れてもらえるでしょう。

■視覚力の強さと第一印象のパワー

　プレゼンテーションにおいて、なぜ視覚情報が大切かを、少しだけ科学的に検証してみましょう。
　視覚と聴覚が収集する情報量を比較してみると分かりやすいでしょう。

① 視神経の数と蝸牛神経（鼓膜から音波の伝達を甘受する神経）の数を比較すると、視神経の数が蝸牛神経の18倍。
② 光と音の速さの比較をすると、光は約90万倍速い（毎秒30万キロメートル対340メートル）。
③ 感知周波数の幅では、目は1万テラ（10の16乗）に対して、耳が感知できる幅は、50ヘルツから1万5000ヘルツである。

　これらの事実から、多くの研究者が、情報収集器官としては目の方が耳より1000倍以上有効と述べています。
　即ち、目からくる第一印象は瞬時にその人を観察、判断する能力を有しているために、第一印象が即座に決定されるというわけです。
　また、会議での、視覚資料を用いての発表は、内容を理解するうえで非常に有効に働くことの説明にもなります。
　本文でも述べたように、第一印象のパワーは非常に強く、初対面の悪印象を払拭するのは並大抵ではないことがお分かりいただけたかと思います。

スキル11 人間的側面
——自分自身であること

プレゼンテーションの目的を達成するために、身なりや振る舞いを整えることは重要です。しかしそれは、あくまで自分の選択、自分自身のコントロール下でおこなわなくてはなりません。

他人からこう思われたいと思って創り上げた人物を演じることは、あなたにとっても相手にとっても生産的ではありません。

人は相手の人間的な側面を垣間見たとき、親しみを感じたり共感したりするものです。最も大切なのは、あなたらしくあることです。

> あなたの心と感情をもって、自分らしく振る舞いましょう。
> それが相手の共感を得ることに繋がります。

これはプレゼンテーションの場においても同じです。

リラックスして自己開示し、自身の人間的側面を語るエピソードを取り入れましょう。相手からの好意と理解を得やすくなります。

背伸びをせず、熟知している内容で提案したほうが落ち着いて臨めますし、あなたらしいプレゼンテーションができるでしょう。

■ありのままの自分とセルフエスティーム（Self-Esteem）

みなさんはU字工事という漫才コンビをご存知ですか？

栃木県出身の二人は、デビュー当時は標準語で漫才をしていましたが、なかなか人気が出なかったそうです。そこで先輩芸人である浅草キッドの水道橋博士さんの提案で栃木弁に切り替えたところ一気にブレイク、朴訥な風貌と相まって一気にお茶の間の人気者となったのは、みなさんご承知の通りです。

　私たちがプレゼンテーションをするときにも、ありのままの自分を受け入れたいものです。

　声が高すぎるとか、顔形に自信がないとかは、あなたの欠点ではなく個性です。

　あなたという存在は世の中に一人しかいません。

　人間の素晴らしさがここにあります。

　ありのままの自分を堂々と受け入れることが、あなたがあなた自身であることの証明であり、そのことで、あなたは最も安心できるのです。この点を何より大切にしましょう。

　あなたにとって、あなた自身であることが強みであり、それは他の誰にも真似することができないのです。

　どの選択をしたとしても、その後は安心して、堂々と振る舞いましょう。それこそが、あなたがあなたであるという証明であり、最も素晴らしい姿なのです。

　周囲にどのように見られているかを気にすることなく、ありのままの自分らしく堂々と生きる姿は、見る人に感動を与えます。

　ありのままの姿で、安心して振る舞いましょう。

　自分自身の言葉で話しましょう。

　あなたがあなた自身である限り、何も恐れる必要はないのですから。

　結論として、自分なりのエトス（イメージ）を選択・決定し、堂々と振る舞いましょう。

パトス
相手に影響力を与える発表スタイル

　パトスとは相手の感情をよく理解し、相手の立場にたって訴えかけるための技術です。以下にその具体的なスキルを紹介していきます。

スキル12 アイコンタクト

　プレゼンテーションにおいて、アイコンタクトは自信や本気さ、内面的な様々な態度を示す重要な役割を果たします。
　意図して効果的に用いることで、信頼性・誠実性・自信・配慮・献身・関心・能力・熱意・威厳などを相手に伝えることができます。

　人は自分に自信がなかったり後ろめたさを感じたりするときなど、心にネガティブな要素があると他人と目を合わせにくくなります。
　プレゼンテーションにおけるアイコンタクトの欠如は、リスナーに対して頼りない印象と不信感を与えてしまいます。
　ただし、過度にアイコンタクトを使用すると攻撃的で横柄な印象を与え、「失礼な人だ」と思われてしまうことがあるので注意しましょう。

■アイコンタクトの戦略　1対1の場合

　相手と比較して少ないアイコンタクトは、「謙虚な姿勢」「敬意」「緊張の緩和」などの効果を得られます。

　相手と比較して同じ程度のアイコンタクトは、「安全・対等であること」「パートナーシップ」などを伝える効果があります。

　アイコンタクトを徐々に増やしていくと、「建設的な信頼関係を築いていること」を伝える効果があります。

適度なアイコンタクトは信用や信頼、自信を伝える上で効果的

相手と比較して多いアイコンタクトは、「関心」「熱意」「威厳」を伝える効果がありますが、威圧感を与える場合もあるので注意が必要です。

■アイコンタクトの戦略　1対多人数の場合

　プレゼンをおこなう際は、一人ひとりのリスナーの目を見ましょう。
　一人の目を見てワンフレーズ、また別の一人の目を見てワンフレーズというように、一人ひとりのリスナーとアイコンタクトをとりながらプレゼンを進めていきましょう。

　アイコンタクトが成立すると、リスナーはプレゼンターに感情移入しやすくなります。目を合わせて話をするのと目を合わせずに話をするのとでは、前者の方がリスナーに好印象を持たれることが実証されています。

　したがってリスナーの一人ひとりとアイコンタクトをとり、リスナーが感情移入しやすいプレゼンテーションを作り上げていくことが重要になります。

　プレゼンターとのアイコンタクトはリスナーに「あなたに話しています」というメッセージを伝えます。同時に「私はこの空間を共有する仲間で、あなたの味方です」というメッセージも伝えます。

　1対多人数のプレゼンテーションでは、目的の達成に大きく関わ

る意思決定者やキーマンへのアイコンタクトが必要です。

　この場合、全体のアイコンタクトの60〜70％を意思決定者、すなわちキーマンに割くことが望ましいです。
　特にポイントとなるフレーズや質問の時のアイコンタクトは、意思決定者・キーマンに対してしっかりとおこなうことがプレゼンテーションを成功に導きます。

■**クラスターテクニック**

　数十人、数百人という聞き手に対してプレゼンテーションをおこなう場合、クラスターテクニックという手法が有効です。

公共の場でのプレゼン：クラスター（集団）

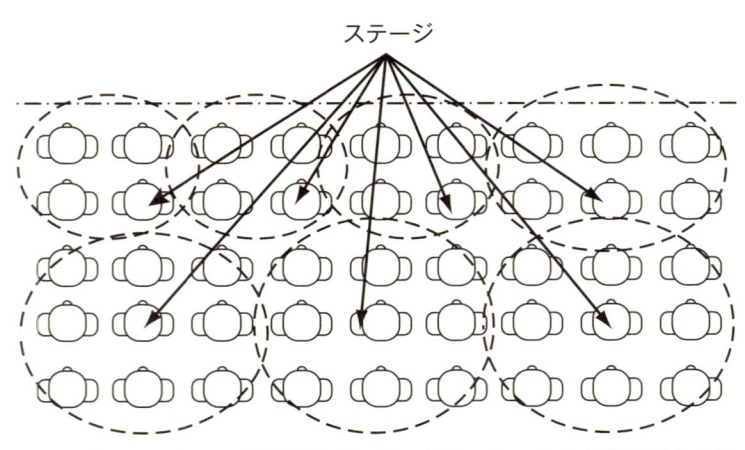

ステージとリスナーの距離が開くほど、クラスターの大きさは拡大する。
FM Academy

クラスターテクニック

図を参照してください。

このように何人かの人のまとまりのクラスターとし、その中心の1人に対してアイコンタクトをおこないます。ワンフレーズ話し終えたら、その逆方向のクラスターへとアイコンタクトをおこないます。

これを繰り返し、全体を見回すことで、すべてのリスナーに対し「あなたに話しています」というメッセージを送ることができます。

スキル13　声

私たちは声を使ってコミュニケーションをします。したがって、どのような話し方をするかによって、リスナーに与える印象も大きく変わってくるといえます。

プレゼンテーションの現場においてリスナーに好ましい印象を与えるためには、「音量」「トーン」「語尾」の3つに意識を配りましょう。

音量

音量は相手に届くことを目安にしましょう。もし複数のリスナーを対象に話す場合は、一番遠くにいるリスナーに届く音量が適切です。プレゼンテーションの前に、部屋の最後列のリスナーに届く音量を確認しましょう。

トーン

プレゼンター自身が生まれつき持っている声のトーンが最も適切

と考えます。

自分の声が高くていやという人がいますが、気にしないでください。Ⅳのマインドセットの章で述べますが、自信をもって自分らしく話す。これが大切です。

自信がないと不安にかられて上ずった話し方になることがありますが、それだけは避けたいものです。

語尾

語尾が鮮明だと、相手に信頼感を与えます。語尾が不明瞭な方は、文章の最後の母音を明確に発音するよう意識しましょう。それだけで簡単に解決できます。

スキル 14 ジェスチャー

ジェスチャーとは、身振り手振りと動作のことです。

プレゼンテーションに身体や手の動きをつけ加えることで、リスナーに対して熱意や配慮をもって語りかけていることを伝えます。

ジェスチャーといえば派手な演出を想像する方もいらっしゃるかもしれませんが、あくまで自然に動かすことでリスナーに感情を伝えます。

ジェスチャーの基本は「今話していること」と「手の動き」を一致させることです。手の動きは話の内容を強化するものです。自分の手を視覚物と考えて大きく使うのが有効です。

『オープンポジション』という手の使い方も効果的です。

これは掌を正面に向け、相手に見せるという動作です。
　リスナーの警戒心を解いて、興味を引く効果があります。このジェスチャーによって、リスナーはプレゼンターが心を開いているように感じたり親近感を持ったりするのです。あのオバマ大統領も実践しているジェスチャーのひとつでもあります。

　『まっすぐ立つ』という姿勢も、実はジェスチャーのひとつです。
　たまに机に寄りかかってプレゼンをする人がいますが、それではリスナーに良い印象は与えられないでしょう。まっすぐ立つということは、あなた自身の物事に対する姿勢をリスナーに示しています。
　そのためにも、机などがある会場でプレゼンをおこなう場合は、できるだけ机から離れ、まっすぐ立ち、全身を前に向けるよう意識しましょう。

　いくつかお話ししましたが、いずれのジェスチャーにおいても大事なのは、それらをごく自然にプレゼンテーションに組み入れることです。不自然にならないように練習しましょう。

■手の位置の重要性

　ジェスチャーしないときの手の位置はどうすればいいのかという質問をよく受けます。
　人前で話をするときに、手を身体の前や後ろで組む人がいますが、これはよくありません。
　アメリカでは、手を股間の前で組むことは"フィグリーフ・ポジション"（アダムとイヴがイチジクの葉で前を隠しているポーズ）、後ろに組むことは"ハンドカフ・ポジション"（手錠をかけられて

日常よく見かけるジェスチャーの例

ジェスチャーとは非言語メッセージ（ボディランゲージあるいはサイレントランゲージ）のこと。我々は言葉を使わなくても、相手とコミュニケーションを図ることができます。

まいったな……ヤレヤレ

いいね！
その話、のった!!

タイム！　作戦会議の時間をください

その話、ダメダメーッ!!

あとがつかえてるんだ、
その話は「巻き」でよろしく！

その場の雰囲気に合わせて
自然体で有効に活用しましょう。

プレゼンで効果的なジェスチャーの例

両手を体の前で合わせる。腕組みするのはNG

誰かを指す時は指ではなく、開いた掌を上に向けて

壇に手を置く

自然な感じでボードを指さす

まっすぐ立つ時は拳を握っても開いてもOK

Ⅱ　プレゼンテーションスキルの3大要素ロゴス・エトス・パトス

いるポーズ）を指し、いずれも好ましくありません。

　手をポケットに入れることも、良くない例として挙げられます。

　基本姿勢は「両手を楽にして身体のわきにおろしておく」ということになります。しかしこれは普段とっていないポーズなので、実際にやってみると、意外と不自然になることがあります。

　したがって、あくまで自然体で、相手を理解した上で自分自身を自由にふるまうことが大切です。

　以下に「**正しい手の位置**」「**注意すべき、やってはいけないジェスチャー**」を記します。これらを参考に経験を通じて目的を持った自分らしいジェスチャーをプレゼンテーションに組み入れてください。

【正しい手の位置】
・テント（体の前で合わせた手で三角形をつくる）
・ゲート（体の前で合わせた両手を握る）
・ウェイター（レストランのウェイターが皿を片手で持つポーズ）
・軽く拳を握る
・両手をおろす
・手を備品の上に置く

【注意すべきジェスチャー】
・手を股間に置く（Fig Leaf）
・手を股間において、手をはためかせる
・オーバーなジェスチャー
・リラックスしすぎた体勢
・指差す
・手をポケットに入れる、背中にまわす

・腕を組む

スキル15 視覚物の利用

百聞は一見にしかず――To see is to believe.

ある調査によると、人は五感を通じて1日平均で文庫本151冊分の情報を得ており、そのうち83％は視覚を通して獲得しているそうです。

アメリカ海軍は、①言葉だけで説明する、②図表だけを見せる、③図表を見せながら同時に説明を加える――という3つの方法によるプレゼンを3つのグループに対しておこない、時間の経過とともに記憶保持量がどのように変化するのか比較する調査をおこないました。

結果は③の「図表を見せながら同時に説明を加えたグループ」の記憶が最も正確に残っており、①の「言葉だけで説明したグループ」は、ほとんど記憶に残らなかったと出ています。

このデータから、視覚に訴えるプレゼンテーションが一番わかりやすく、記憶に残ることは明らかです。

英語では「わかる」ことを"I see"（私は見る）と言いますし、"To see is to believe"（見ることは信じることである）という「ことわざ」もあります。

■現在のプレゼンテーションに使われる視覚物と注意点

現在のプレゼンテーションで活用される視覚物には下記のものが

あります。

① ホワイトボード
② ノートパソコン＆プロジェクター
③ 映像
④ 実物・模型

　最近では②の、ノートパソコン＆プロジェクターによる、パワーポイントを使用したプレゼンテーションが主流です。
　これは先に触れた「図表を見せながら同時に説明を加える」プレゼンが最も記憶に残るという結果を踏まえたものでしょう。
　ただし、どのようなツールを使おうとも、大切なのは"KISS"と"LM"の2点です。

　"KISS"とは"Keep It Simple and Short"の略で、日本語で言うと「端的に」という意味になります。
　"LM"とは"Less is More"の略で、日本語で言うと「過ぎたるはなお及ばざるがごとし」という意味になります。

　視覚物を利用する目的は、相手にわかりやすく、記憶に残るようにすることです。
　みなさんも経験があると思いますが、よく見かける間違ったプレゼンテーションは、スライドには文字がびっしりで、プレゼンターがプロジェクターで投影されたその内容を読み上げてしまっているというものです。
　これではリスナーに「どうぞ寝てください」と言っているようなものです。

せっかく視覚物を用意しているのであれば、無味乾燥で抽象的な言葉の羅列ではなく、それだけでは足りない部分を右脳に訴えるイメージや映像にしましょう。

タイトルを明記し、必要な説明を省略できるような図を見せて、プレゼンテーションしましょう。

視覚物は、「単純明快で」「シンプルで」「大きく」することが大切です。

■ノートパソコン&プロジェクターを使用する際の注意点

事前に会場設備の確認をしましょう。くれぐれも本番で初めて会場の機材を触るということのないように、接続や操作について把握しておくことです。

視覚機器にせよ音響設備にせよ、用意したデータの仕様で現場の機器との接続が可能かどうかは、実物を見て実証しないとわかりません。

これは、端子が合っている、データが対応しているなどの確認だけで安心せず、できる限り本番通りの実証をするべきです。

機器の相性やプログラムのバージョン違いなどで、思った通りに再生・投影できないことは多々あります。それに加えて、予想できないトラブルがあるのですから、機器の事前確認はプレゼンテーションの非常に重要な要素です。

十分な準備をしたにもかかわらず不測の事態で機器が動作しなかった時は、慌てずに事態を受け入れて、リスナーに状況の説明を

しましょう。

　ほとんどの場合、リスナーは自分自身がプレゼンターとして同じ状況を体験したことがあります。

　真摯に対応すれば当たり前のように許してもらえるはずです。

　機器のトラブルは、あなたの本当のプレゼンテーション力を試します。

■パワーポイントのデータを視覚物として使用する際の注意点

　文字の羅列は避けましょう。

　文字は大きく使いましょう。実際に投影して、会場のどこからでも見えることを確認しておくことを勧めます。

　資料はすべて同じテンプレートで作成しましょう。

　Bキーにより、スライドを暗転させることができます。効果的に使用し参加者の注目を集めましょう。

　リモートマウスを使用して、発表の立ち位置が固定することを避けましょう。視覚物と自由なジェスチャーを駆使して、ダイナミックなプレゼンテーションをおこなってください。

　バックアップのデータを準備しましょう。何かの拍子にデータが壊れることがないとは、言いきれません。

■プレゼンター自身が最高の視覚材料

　プレゼンテーションにおける一番の視覚物はプレゼンター自身です。

　参加者は、プレゼンターの立ち居振る舞いに最も注目しています。

　視覚物を使用すると同時に、のびのびとしたジェスチャーと効果

的なアイコンタクトで、ダイナミックなプレゼンテーションを楽しみましょう。

　プレゼンテーションは人です。人が最高の視覚素材になります。

スキル16　相手のコミュニケーションスタイルへの理解

　人は皆それぞれ異なったコミュニケーションスタイルを持っています。

　どれが正しくてどれが正しくないという判断をするのではなく、異なるコミュニケーションスタイルに対する認識と理解が重要です。

　リスナーのコミュニケーションスタイルを分析することにより、情報の収集およびプレゼンをする方法を戦略的に選択し、より効果的に進めることができます。

■ミラーリング効果の活用
　（ビジネスにおける４つのコミュニケーションスタイル）

　これからプレゼンテーションをするリスナーを分析する上で非常に有効な４つの基本スタイルを紹介します。

　この図のように、プレゼンテーションのリスナーを、

積極的	受け身	┐
支配的	気楽	┘→横軸
自然体	コントロール	┐
課題優先	人優先	│→縦軸
速いペース	ゆっくりしたペース	┘

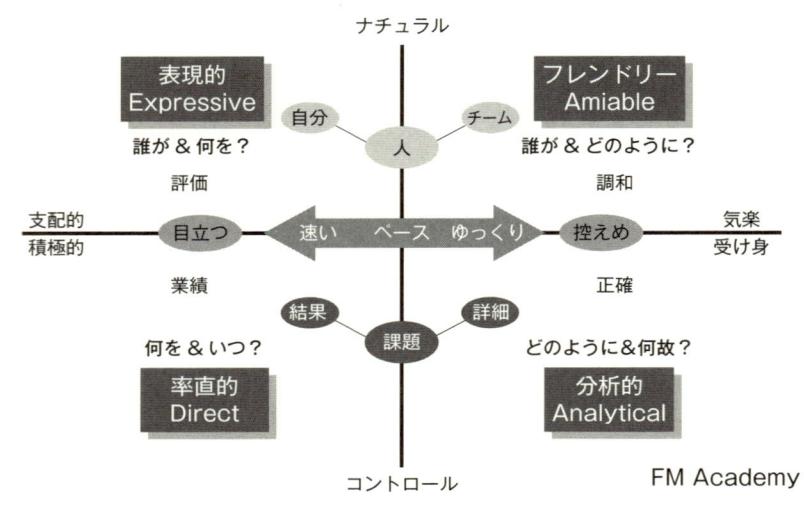

```
                    ナチュラル
    ┌─────────┐       │        ┌─────────┐
    │ 表現的  │   自分 │ チーム │フレンドリー│
    │Expressive│      人       │ Amiable │
    └─────────┘               └─────────┘
    誰が＆何を？               誰が＆どのように？
         評価                      調和
支配的          速い  ペース ゆっくり          気楽
積極的 ──目立つ ←─────────────→ 控えめ── 受け身
         業績                      正確
                  結果  詳細
              ┌──課題──┐
    何を＆いつ？              どのように＆何故？
    ┌─────────┐                ┌─────────┐
    │ 率直的  │                │ 分析的  │
    │ Direct  │                │Analytical│
    └─────────┘                └─────────┘
                  コントロール
                                    FM Academy
```

　この軸で分類すると「表現的」「率直的」「フレンドリー」「分析的」の4つのコミュニケーションスタイルのいずれかにあてはまります。

　それぞれの特徴をよく理解して、リスナーのコミュニケーションスタイルに沿ったプレゼンテーションをおこなうことで、リスナーの理解と合意を得やすくなります。これを**「ミラーリング効果」**と言います。

　リスナーのコミュニケーションスタイルの特徴を理解し、有効なプレゼンテーションの方法を選択します。

1．表現的なコミュニケーションスタイル

　表現的なコミュニケーションスタイルをもつ人は、活気的な仕草が特徴です。

　「誰が？　何を？」という視点で物事を考えるため、評価を最も

重要視します。

　人優先で特に自分の意見を大切し、速いペースでナチュラルなコミュニケーションを求めるのも特徴です。

【表現的な人のコミュニケーションスタイルの特徴】

　　すべてを知っているようにふるまう。
　　挑戦的で横やりを入れる。
　　専門知識を示したがる。
　　声を張り上げる。
　　想像力に優れている。
　　ユーモアセンスがある。
　　競争心にあふれている。

【表現的な人に有効なプレゼンテーションスタイル】

　　大きな方向性とピクチャーを示す
　　専門知識を認識する
　　自尊心を満足させる
　　議論を避ける
　　話を最後まで聞く
　　情熱＆関心を示す

2. 率直的なコミュニケーションスタイル

　率直的なコミュニケーションスタイルをもつ人は、意図的な仕草が特徴です。

　「何を？　いつ？」という視点で物事を考えるため、業績を最も重要視します。

　課題優先で特に結果に注目しているため、速いペースでコントロールされたコミュニケーションを求めるのが特徴です。

【率直的な人のコミュニケーションスタイルの特徴】
　　結果を重視する。
　　コントロールしたがる。
　　時間的な余裕がなく、話のペースが早い。
　　タスクにフォーカスを置く。
　　すべてにおいて合理的である。

【率直的な人に有効なプレゼンテーションスタイル】
　　最初に結論を言う。
　　直接的な回答をする。
　　重要なことは一度だけ、効果的に伝える。
　　重要な情報を最初に伝える。
　　準備は万端にしておく。
　　早いペースで進める。
　　確信的に振る舞う。

3. フレンドリーなコミュニケーションスタイル

　フレンドリーなコミュニケーションスタイルをもつ人は、やわらかな仕草が特徴です。

　「誰が？　どのように？」という視点から物事を考えるので、調和を最も重要視します。

　人優先で特にグループの意見を大切にするため、ゆっくりしたペースで、ナチュラルなコミュニケーションを求めるのが特徴です。

【フレンドリーな人のコミュニケーションスタイルの特徴】
　　人にフォーカスを置く。
　　時間的な余裕がある。
　　会話の中の、特に言葉を大切にする。
　　プレッシャーが少ない。

【フレンドリーな人に有効なプレゼンテーションスタイル】
　　　信頼関係を最初に築く。
　　　相手への興味を示す。
　　　対応が事務的あるいはフォーマルすぎないように気配りをする。
　　　過度な詳細は避ける。

4．分析的なコミュニケーションスタイル

　分析的なコミュニケーションスタイルの人は、最小限の仕草が特徴です。

　「どのように？　何故？」という視点で物事を考えるため、正確さを最も重要視します。

　課題優先で特に詳細に注目するため、ゆっくりしたペースでコントロールされたコミュニケーションを求めます。

【分析的な人のコミュニケーションスタイルの特徴】
　　　詳細にこだわる。
　　　プロセスやロジックを求める。
　　　証拠や論拠を重視する。
　　　「なぜ」「どのように」を尋ねるペースは遅め。
　　　論理的である。
　　　慎重である。

【分析的な人に有効なプレゼンテーションスタイル】
　　　根拠を提示する。
　　　詳細を提供する。
　　　言い間違いをしない。
　　　急がない。
　　　よく考えた上で発言する。
　　　適切かどうかを大切にする。

謙虚な態度で臨む。

　以上見ていただいたように、自分自身のコミュニケーションスタイルを理解し、相手とその状況を把握した上で、相手にとってより有効なプレゼンテーションスタイルを選択し、提案の品質を上げることが可能です。

　相手好みのプレゼンテーションをすることは、相手を理解していることを示すのに非常に有効です。プレゼンテーションの目的達成に効果的です。

　そして相手のコミュニケーションスタイルを理解して、それらに合った説得力のある情報を集めてプレゼンテーションを行い、そして質問に対応しましょう。

---

column　笑顔の効用

　私の知り合いに、いつも笑っている人がいます。
　彼はどの写真を見ても「笑顔」、「笑顔」、「笑顔」を浮かべています。
　なぜ、いつも笑っているのか、その理由を聞くと、彼は「笑顔の証拠を残している」のだと答えました。
　「10年後の自分がその笑顔を見たときに『楽しい人生を過ごしていたな』と感じるでしょ？　笑顔はハンサムな人もそうでない人も平等です」
　といたずらっぽく笑いました。とても素敵な習慣です。

Ⅲ

マインドセット

マインドセットとは、読んで字のごとく「心の準備」のことです。

どんなに準備を重ねたプレゼンであっても、いざ本番でたくさんのリスナーの前に立つと、あがってしまいうまくしゃべれなかったという経験があるのではありませんか？

これまでお話ししてきましたロゴス、パトス、エトスは技術的な話ですので、準備と練習さえ積めば誰でも習得できるものですが、「心」の問題には、その人の生まれ育ってきた環境が影響しているので、個人差があり、乗り越えるのは困難と思われがちです。

でも、心配はありません。

あなたはあなた自身ですので、何も恐れる必要はないのですから。

スキル17 「あがり」への対応

プレゼンテーションスキルプログラムのワークショップをおこなうと、参加者からいつも同じ質問があります。

「理論はわかりましたが、実際には心臓がドキドキ、脚がガクガク、声がうわずってしまうことがあります。これらのいわゆる"あがり"に対してのスキルを教えてください！」

心理学者の黒岩貴さんによりますと、あがり症は人間の正常な防御反応だそうです。つまり、大勢の「敵」を前にして緊張し、体が興奮状態になっているのです。

すなわち「あがり」への対応は、スキル云々というよりはマインドセットにかかわることですので、とにかく第一声を発して自分らしく振る舞うことに集中しましょう。ドキドキ、ガクガク、声が上

ずる状態を受け入れることを推奨します。

あがり症の人はゆっくりと大きな声で話すと落ち着きます。

この世の中に失敗などありません。

失敗と思っているのは本人だけです。

プレゼンテーションでは、リスナーは、あなたの成功や失敗など気に留めていません。リスナーが一番に関心を抱いているのは、何についてのプレゼンテーションであるかです。

ですから、プレゼンターはプレゼンテーションの評価を気にするよりも、提案内容をどのようにわかりやすくシンプルに伝えるかということに集中しましょう。

そして、自分らしい発表をしたうえで、プレゼンの内容に対するリスナーからのフィードバックに期待しましょう。

仮に発表の途中、つっかえたり、とちったりしても、自分自身を受け入れて発表するように、毎回、挑戦してください。それによって、いつも自分らしく堂々と発表できる習慣がついてきます。

スキル18 「吃音」への対応

以下に紹介するのは、某証券会社のアナリストグループに対してワークショップを開催したときの出来事です。

アナリストAさんは吃音症で悩んでいました。彼は勘違いをして吃音症を治すことを目的にワークショップに参加されました。それを知った私は、今回のワークショップでは吃音症を治せないことを

明言しました。ただし「吃音のままでかまわないから発表をお願いします」と伝えました。

出席の目的を失った彼は憂鬱そうに受講していましたが、ロゴス・エトス・パトスの3つのスキルのなかでも、特にロゴスの部分に注力して発表しました。

彼の発表に対するリスナーの方々からのフィードバックは素晴らしい内容でした。彼のプレゼンの構成に対して、多くのプラスのコメントがあったのです。

リスナーの方々に、実際に彼の吃音症がどれだけ気になったかをヒアリングしたところ、彼の一生懸命さに感動する部分はあっても、聞きづらさや嫌な印象はまったくないというものでした。

彼はその事実を素直に理解して受け止めました。そしてその後、彼は会社で一番の売り上げを誇るアナリストになったのです。

スキル19 自分自身であることの証明と個性の発揮

多くの方はプレゼンテーションのときに緊張やプレッシャーを感じた経験をお持ちだと思います。

大勢のリスナーを前に、たった一人でプレゼンをするわけですから、緊張すること自体まったく問題ありません。

しかしその緊張が失敗への恐れからくるものであれば好ましくありません。

なぜならプレゼンテーションに「失敗」はないからです。

そこにあるのは「自分自身の証明」であり、それを楽しむ習慣を

つけましょう。

　人はそれぞれ個性を持っています。

　ありのままの自分自身と対話することを楽しめるように習慣化したいものです。

　そこには他の誰かとの比較はありません。

　ただ単に、ありのままの自分を明確に表現するのみです。

　それでは次に、私たちの生活の中で見られるマインドセットの実例を、ケーススタディとして紹介してまいります。

ケーススタディ① 奇跡の番狂わせを呼んだ妻の一言

　その男は人生のがけっぷちに立たされていました。

　その男とは、ヘビー級プロボクサーの石田順裕。元WBA世界S・ウェルター級暫定王者の彼は、プロとして22勝6敗という戦績を残しながらも、2010年のタイトルマッチを不本意な判定負けで逃して以来、引退を考えるようになりました。

　35歳という年齢、ボクシングだけでは妻と子を養っていけないという現実も彼を追いつめました。そんなとき、家計を支えるために働いている妻の麻衣さんの勧めもあり、石田は期間限定で渡米、3か月経っても対戦相手が現れなければそこで引退する覚悟でした。

　3か月の期限が迫るなか、思ってもみない相手から試合のオファーがありました。その相手とは27戦27勝を誇り、当時世界最強と言われたジェームス・カークランド（27歳）。元ギャングで服役した経験もあるカークランドからすれば、石田は完全な「かませ犬」に見えていたかもしれませんが、石田はこのチャンスに飛びつきました。

とはいえ明らかに実力差のある相手との対戦に緊張したのか、試合前の控室で石田は麻衣さんにとんでもないことを口走りました。

「お前がボクシングをやれといったから、俺はやるんだ。1ラウンドで負けたらお前のせいやからな——」

全身全霊で石田を支えてきた麻衣さんの心を打ち砕くような言葉でしたが、麻衣さんは笑顔でこう受け流したそうです。「それじゃあ、勝ったらみんな私のおかげだね——」

麻衣さんのこの一言で控室の緊張は一気にほぐれ、石田は笑顔でリングに向かいました。

そして2011年4月9日、ボクシングの聖地と言われるラスベガスのMGMグランドで、全米が騒然とする番狂わせが起こったのです。

1ラウンド目から何度も相手のダウンを奪った石田は、試合開始後わずか1分52秒、世界最強といわれたカークランドにTKOで勝利したのです。石田の勝利を誰もが予想していなかったことは、試合後のインタビューに日本人通訳が用意されていなかったことからも明らかですが、この番狂わせを演出したのは、試合前に石田の緊張をほぐした麻衣さんの一言であったことは間違いないでしょう。

この試合は、その年の"The UPSET of the Year"（番狂合わせ大賞）に選ばれました。

ケーススタディ② 仕事人間の夫を変えた妻の一言

これはある製薬会社で営業をしているAさんと、その奥さんのお話です。

大学時代はスポーツマンでラグビー部のキャプテンも務めたことのあるAさんは、さわやかなルックスと細やかな性格から、病院の先生方やナースたちの受けもよく、抜群の営業成績を誇っていま

した。

　また、根っからの体育会系ということもあり、持ち前のガッツから、どのような仕事でも嫌な顔ひとつ見せずに取り組み、仕事の壁にぶちあたった部下がいれば、一緒に酒を酌み交わして、悩みをとことん聞いてやる面倒見の良さから周囲の厚い信頼を得ていました。

　そんな誰からも好かれるＡさんでしたが、Ａさんの奥さんには不満がありました。

　それはＡさんの外面がよすぎることでした。同期の中でのＡさんは営業成績もよく、それなりのお給料を稼いでいましたが、部下や同僚との飲食は、いつもＡさんが率先して支払っていたのです。そのせいでＡさん宅の家計はいつも逼迫していました。

　部下だけならともかく、同僚同士の飲み会なら割り勘でいいじゃないかと奥さんは思うのですが、何事にも親分肌でいたいＡさんにそれを言っても無駄。お金のことはともかく、奥さんにとって何よりの不満は、Ａさんが自分には疲れた顔しか見せないことでした。

　夫の性格がこれ以上変わらないことを悟った奥さんは、ある日、こう話しかけました。

「あなたが仕事のお付き合いでお金がかかることは承知しました。あなたが毎日外で働いているお陰で、私もこうして暮らしていけるんだもの。何も言いません。ただ一つだけお願いがあるの。あなたの一番の笑顔は私に見せて——」

　ささやかだけれど、奥さんの必死なお願いを聞かされて、Ａさんは目の覚める思いがしました。——俺が必死で働いているのは、一体誰のためだ？　それは目の前にいる、たった一人の妻のためではないのか……。

　そのことに気づいたＡさんは、翌日も職場や得意先で、さわやかな笑顔をふりまきました。ただ一つ、昨日までのＡさんと違う

Ⅲ　マインドセット

ところは、この日一番の笑顔は、帰宅後、奥さんに見せるためにとっておいたことでした……。

ダメもとで切りだした一言が、奥さんの世界を変えたのです。

ケーススタディ③ 引っ込み思案の息子を変えた父の一言

今では製薬会社のMR（医薬情報担当者）として、さまざまな病院で、たくさんのお医者様から信用を得ているBさんが社会人になったばかりの20代前半の話です。

大学の薬学部を卒業したBさんは、第一志望の製薬会社に採用され、MRとして前途洋々とした気持ちで仕事をスタートしました。

子どものころから化学の実験が大好きで薬学部に進んだBさんは薬に関する知識が豊富で、自分が取り扱う商品の知識もしっかりと頭に入っていました。ところが顧客である大学病院の教授との面談では、どうしてもきちんと話をすることができませんでした。

教授はけっして難しい人ではなく、新人であるBさんの面談のために時間を割いてくださったのですが、風格と威厳のある大学教授を前にして、痩せて貧弱なBさんが気後れしてしまい、キチンと話ができなかったというわけです。

薬の知識はあっても対人関係でこれほど気後れしてしまうようでは……Bさんは天職だと思った今の仕事が、自分には合っていないのではないかと感じ始めました。

そんなある日、実家に戻ったBさんは、ふだんあまり話したことのないお父さんに、仕事の悩みについて打ち明けたそうです。

サラリーマン人生を勤めあげたお父さんは、Bさんの話を最後まで黙って聞き、しばらくしてからこう質問したそうです。「お前は教授にとって価値のある情報を準備しているのか」と。父さんから

すれば頼りなさそうに見えても準備に抜かりはありません。Ｂさんはちょっとばかりムッとして答えました。「ああ、もちろんしているよ」

それに対するお父さんの答えはこうでした。「きちんと準備しても、それでも上手く話せないのだとしたら、それはお前が教授の見かけに気後れしているだけだ。相手の外見にとらわれて話の中身に耳を傾けられない人間は本物ではないよ」

この言葉にＢさんはハッとしました。確かに自分は上手く話せないことばかり気にしていて、教授が自分に何を望んでいるのか、どんな症例で困ってらっしゃるのかなどを聞き洩らしていなかっただろうか──。サラリーマンの、そして人生の先輩であるお父さんの一言で、Ｂさんの目の前にあった黒雲が一気に晴れました。

この日を契機に、何に対しても気後れしていたＢさんは、他人の前での対応と話す際の苦手意識を克服できたそうです。

ケーススタディ④　名将が抑えのエースにかけた一言

2008年10月に行われた日本プロ野球セントラル・リーグクライマックスシリーズでのことです。レギュラーシーズンを制したのは読売ジャイアンツでしたが、シーズン２位の阪神タイガースと３位の中日ドラゴンズが戦い、勝った方が読売ジャイアンツにも勝てば、日本選手権シリーズに出場できるという大切な試合です。

阪神対中日の第１ステージは３戦２勝の勝ち抜けで、つまり先に２勝したチーム第２ステージ進出になりますが、第１戦が中日の勝ち、第２戦が阪神の勝ちで、互いに譲れない３戦目を迎えました。

試合は新人王を争う岩田と吉見の投げ合いで双方とも無得点のまま９回を迎えました。

中日打線を1安打に抑えて好調の岩田は8回表に代打桧山と交代したため、9回表のマウンドに上がったのは藤川球児でした。チームとファンの期待を背負ってマウンドに上がった藤川ですが、先頭打者立浪が出塁、自らのワイルドピッチでランナーを三塁に進めたところでタイロン・ウッズから痛烈な2ランホームランを浴び、この得点が決定打となって、阪神はこの試合を逃しました。すでに退任の決まっていた岡田彰布監督にとって、これが阪神での最後の試合となりました。

　大事な場面を抑えることができず、また、退任する監督を優勝という花道で飾ることのできなかった藤川に向かって、岡田監督がかけた言葉です。

『最後に打たれたのが、お前でよかった。なぁ、球児。最後がお前でホンマによかったよ』

　自らが信頼する選手にすべてを託して、その結果負けたのだから後悔はない――監督と選手、上司と部下の信頼を表す言葉として、これ以上のものがあるでしょうか？

ケーススタディ⑤　マインドセットができている大型新人

　北海道日本ハムファイターズの大谷翔平は投手と外野手を兼任する、プロ野球でも珍しい「二刀流」の選手です。投げれば日本最速の時速162km、身長も193センチという大型選手ですが、その大物ぶりを感じさせるエピソードがあります。

　バッターボックスでピッチャーと対峙するとき、また、外野で守備についているときに、大谷選手は何か口ずさんでいるのですが、それは観客席から聞こえてくる応援歌を一緒に歌っているのだそうです。それが相手チームの応援歌でも一緒になって歌っているので

すから、大谷選手の大物ぶりもたいしたものです。なお、応援歌を口ずさむ理由を大谷選手に尋ねると「みんなで歌って楽しそうだから」とか。勝負の瞬間でもリラックスしていられるのは、大谷選手がしっかりとマインドセットできている証拠でしょう。

　そんな大谷選手でも緊張した表情を浮かべる瞬間があります。それはピッチャーマウンドに立ったとき。たったひとりで試合を支配するポジションですから、おおらかな大谷選手でもさすがに緊張するのでしょう。

　それに気づいたチームメイトの稲葉篤紀選手（当時）がアドバイスしたそうです。投げる時にもリラックスしろよ、と。

　それ以来、大谷選手はマウンドに立っても以前ほど緊張しなくなったそうです。

　大物新人と、それを支えるベテランとのコミュニケーションの手本がここにあります。

ケーススタディ⑥　ネガポ変換したプラス思考でコミュニケーションを改善

　コミュニケーションはポジティブであるほど、合意をより得やすくなります。

　みなさんは『ネガポ辞典』をご存じでしょうか？

　ネガポとは「ネガティブ」と「ポジティブ」を合わせた言葉で、ネガティブな言葉をポジティブな言葉に言い換える様々な文例を紹介した辞典なのです。

　もとは携帯電話やスマートフォン向けに開発されたアプリケーションでしたが、2012年には紙の書籍になり、出版不況にもかかわらず11万部を超えるベストセラーとなりました。

　もとのアイディアを作ったのは現役の女子高生たちというのです

から驚きです。

　さて、肝心の内容ですが、どのようなことが書いてあるのかというと、たとえば「愛想が悪い」というネガティブワードは、①媚を売らない、②他人に流されない、③気後れすることがない、というように見事にポジティブ変換されます。

　他には「マイナス思考」というネガティブワードも、①思慮深い、②想像力が豊か、③ありとあらゆる状況に対応できる、というように180度反対方向へと変換されます。

　こうして視点を変えるだけで、同じ言葉でも受け止め方は変わってくるもので、自分の中で上手にネガポ変換できれば、「君は愛想がないね」とか「それはマイナス思考だよ」と言われたとしても、褒められたようで悪い気がしなくなるのは不思議なものです。

　そこでこのネガポ変換を日常のビジネスに当てはめてみましょう。

　たとえば上司やクライアントからの「明日までに提出できる？」に対して、①「無理です」よりも、②「明後日なら可能ですが、いかがでしょうか」のほうが、同じ「できない」ことを伝えるにしても、よりポジティブな印象がしませんか？

　肯定的な表現は人間関係を信頼あるものとし、コミュニケーションを改善するのです。

IV

次のステップ
失敗を恐れずに
実践すること

さて今まで、プレゼンの基本原則である「ロゴス」「パトス」「エトス」のスキルに関して学んできました。

このスキルを、あなたの人生に大きな変革を与えるための唯一の武器として実際に使う方法をお伝えします。

それは「実践」です。

どんな武器も使わなければ価値がありません。

いかなるスポーツにもいえることですが、ルールや理論を「理解すること」と実際に「プレーすること」は別物です。

頭で理解していても、身体を使って実践しなければ、できないのと同じです。

今日から毎日、あらゆるコミュニケーションの場で「実践」してください。

朝礼、会議、公の場でのスピーチ、家族内での話、恋人との話――毎日、会話がある限り、今回のスキルは常に有効に活用できます。

1. まず何の合意を得るかを明確にします。
2. 現状を理解します。それらにもとづいて何を達成したいかを明確にします。
3. ロゴスの部分の代表表題を３点選びます。
4. 実際にその場で実践しましょう。

我々には毎日、間違いなく無数のプレゼンテーションの場が提供されています。

実践の緊張感を楽しみましょう。

そして毎回、できなかったことについてはその事実を受けとめ、

改善を体感しましょう。生活や仕事が楽しく変化することを実感できるはずです。

　それらを習慣化できると、実際にアドリブでの発表が可能になります。
　宴席や会議などで急にコメントを依頼された場合、ロゴスのスキル②に沿って3個のポイントのみを考えましょう。そしてその3点を最初に言葉にすることにより、いつでも落ち着いてプレゼンができるようになるのです。

　繰り返します。プレゼンテーションに失敗はありません。
　あるのは「成功」のみです。

　自分で気づき、変えようと決心した事柄については常に改善があります。
　これまでとはまったく違う、進化・発展した素晴らしいコミュニケーションスキルを実践して、人生を謳歌しましょう。

Ⅳ　次のステップ　失敗を恐れずに実践すること

column　リレイトークと比喩(アナロジー)の重要性

■リレイトーク

　スピーチは自分の前の人の発表を受けて話すと臨場感があります。

　たとえば「先ほどAさんが○○○○という話をされましたが、実は私にも同じような経験があります。というのは……」と話を続けると、リスナーは前の人のスピーチの内容やテーマを憶えているでしょうから、あなたのスピーチにすんなり入っていけるでしょう。

■比喩（アナロジー）

　スピーチでは、伝えたいテーマや内容を「たとえ話」にして始めると、より理解が深まり、いっそう効果的です。

　たとえ話は「比喩」（アナロジー）と言いますが、「減価償却」という概念は羊羹やカステラに例えて説明できます。

　羊羹やカステラを買う時、お金はお店でいっぺんに払いますが、自宅へ持ち帰って食べる時にはお金がかかりません。これを、

・羊羹もしくはカステラの購入＝設備投資
・羊羹もしくはカステラを一切れずつ食べる＝償却

と例えてみると、会計学の概念が、羊羹やカステラという具体的なモノとして可視化できるので、よりいっそうの理解が深まります。

　また、税務調査は「刑事ドラマ」に例えることができます。

　この場合、税務調査員は刑事、あなたは容疑者になります。刑事（税務調査員）は容疑者（あなた）が犯罪（脱税などの不正行為）を働いていないかを追及しますが、この時、あなたの身の潔白を証明するのは、あなたの手元にある領収書などの資料一式です。つまりこの「刑事ドラマ」では、領収書があなたの無実を証明する「アリバイ」となるわけで、税務調査ではアリバイ（領収書の保管）は大切ですよという説明になります。

V

実践例

それでは今まで学習してきたことを実践に移す前に、プロセスをより深く理解するために、いくつかのケーススタディを紹介しましょう。

まずは旅行代理店Aの営業から、B社への社員旅行先の提案です。

皆さま、私は〇〇ツアー営業部長の山田です。今回は御社の社員旅行の提案を紹介させていただきたいと思います。日頃の疲れを癒す極上のリラックスとリフレッシュには、ズバリ、おすすめはハワ

テーマ
社員旅行は極上のリラックスとリフレッシュにハワイを提案いたします。

３つのポイント

非日常の経験	たくさんの楽しみ	経済性と安全性

中身

・一年を通して温暖な気候 ・白い砂浜の美しい海 ・4000m級の山や渓谷と火山 ・それぞれの島で異なる豊かな個性	・マリンスポーツ ・ゴルフ ・ショッピング ・食事	・5日間 15万円 ・直行便 ・日本人観光客が多く安心

３つのポイント

非日常の経験	たくさんの楽しみ	経済性と安全

結論
是非社員の皆様の極上のリラックスとリフレッシュにハワイを提案いたします。

イです。

　今回、ハワイをおすすめさせていただく理由は3点ございます。
　1点目は「非日常の経験」、2点目は「たくさんの楽しみ」、3点目は「経済性と安全」です。

　1点目の「非日常の経験」ですが、ハワイは1年を通じて温暖な気候で過ごしやすく、みなさんが持っているイメージ通りの白い砂浜に青い海が広がる楽園です。小さな島ながら地形の変化に富み、4000メートル級の山々や美しい渓谷があります。島ごとに違った特徴があるのもハワイの大きな魅力のひとつですが、噴火している火山から熱い溶岩が流れる様を間近に見ることもできます。
　2点目の「たくさんの楽しみ」について。ハワイには様々な楽しみがありますが、ブランドショップや雑貨、アクセサリーなどのお店がたち並び、充実したショッピングを楽しむことができます。ショッピングの後はカフェやレストランで、ハワイ料理やシーフード料理、肉料理など日本人の口にも合う食事ができます。島内を巡る観光バスもたくさんあるので、それぞれの希望に合ったプランにお応えすることができるでしょう。海ではサーフィンやボディボードなどのマリンスポーツを楽しんだり、パラソルの下でくつろいだり、リラックスした時間を過ごすことができます。ハワイは実は、海だけではなく山も楽しいのです。トレッキングや星を見るツアーなど自然を楽しむ幅広いレジャーが用意されています。
　最後に「経済性と安全」ですが、日本からの直行便がたくさん出ておりますし、多くのツアーの中から、非常に安価な5日間で15万円のプランを選びました。充実したオプションを選択することもできます。また、ハワイは日本人観光客が多いので日本語が通じるところも多く、安心して滞在していただけます。

今回は社員旅行に最適なハワイの旅を、①「非日常の経験」、②「たくさんの楽しみ」③「経済性と安全」の3点からおすすめいたしました。

極上のリラックスとリフレッシュに、ハワイへの社員旅行はいかがですか！

次のケーススタディは、焼き鳥好きのA君から、社内の飲み仲間たちに美味しい焼き鳥屋さんの紹介です。

テーマ
焼き鳥Tの紹介をします

3つのポイント

| 雰囲気づくり | 美味しさ | 価格 |

中身

| ・古びたカウンターのある店内
・目の前の棚に並ぶ全国の銘酒
・掃除が行き届いた清潔な店内
・籠やヒョウタンなど田舎を思わせる設え
・笑顔で感じの良いスタッフ | ・厳選された素材
・程よい焼き加減
・燻製などの独創的な料理
・海や山の旬の素材を活かしたメニュー
・店主が選りすぐった全国の銘酒 | ・1本100円からの安い料金設定
・こだわりの品は据え置きの単価で提供
・プライスレスの気配り |

3つのポイント

| 雰囲気づくり | 美味しさ | 価格 |

結論
是非、心地よい雰囲気の中で美味しい焼き鳥とお酒を焼き鳥Tでどうぞ。

今日はとっておきの美味しい焼き鳥屋さん「T」の紹介をします。この焼き鳥屋さんの魅力は3つあります。
　1つ目は「心地よい雰囲気」、2つ目は「焼き鳥が美味しい！」、3つ目は「とにかく安い！」ということです。
　1つめの「心地よい雰囲気」というのは、お店に入ると古びたカウンターがあり、そのカウンターに座ると目の前の棚に全国から集められた銘酒が並んでいます。美味しいお酒を飲みながら焼き鳥を食べることができます。店内は古くても清潔で掃除がゆき届いており、田舎を思わせる木の蔓で編んだかごや、ヒョウタンなどが置いてあり、どこか懐かしさを感じさせる落ち着いた雰囲気を醸し出しています。店員さんの対応もよく、その場の雰囲気を和ませています。
　2つ目は焼き鳥がとても美味しい。こだわって厳選された地鶏を使い、備長炭で焼いています。焼き鳥は焼くだけではなく、桜のチップで燻製にするなど、独創的なメニューでありながら美味しいところがすごい。焼き鳥だけではなく、お刺身や海の幸もあり、素材をうまく活かしたメニューがそろっていて、美味しい全国の日本酒と一緒にいただくことができます。
　最後に価格です、これだけ材料や料理法にこだわっているけれど、焼き鳥は1本100円から注文することができる安さ。高くて美味しいのは当たり前ですが、これだけ安くて気配りも細やかで、美味しいところはなかなかない。
　心地よい雰囲気、美味しさ、そして価格の観点から、是非、一度行ってみてください！

> **column** 選択と自由—Viktor Emil Frankl—

　オーストリアの精神科医であるヴィクトール・エミール・フランクル（Viktor Emil Frankl／1905 - 1997）は大戦中、ユダヤ人であることを理由に強制収容所へと送られましたが、そこでの体験をもとに著した『夜と霧』は今もたくさんの人に読み継がれる名著となっています。
　そのフランクルがアウシュビッツで気づいたことを次のように語っています。
「刺激と反応の間には選択の自由がある」
　私なりに内容を咀嚼して説明しますと、「どのような環境におかれても、またどのような仕打ち（刺激）があったとしても、私の心の持ち方、対応（反応）は私に選ぶ自由がある。よって我々には平等に自由が与えられている。私の悲惨な状況が他人のせいだとすれば私は行きづまるが、自分のせい（責任）だとすれば自由になれる。
　そして責任（RESPONSIBILITY）はRESPONSE（反応に対しての）＋ABILITY（能力・選択）からきている」ということです。
　フランクルのこの「選択と自由」に関する考え方も、我々がプレゼンテーションでどのようなコミュニケーション手段を選ぶかも同じですよね。

あなたは今、クライアントが待つ会議室のドアの前にいます。
本書を最後まで読み終えたあなたなら、もう心配はいりません。
緊張していても、気にする必要はありません。
９回裏２死満塁、逆転のチャンスを迎えた
バッターボックスに立つイチロー選手のように、
緊張感を楽しんでください。
プレゼンに失敗はありません。成功あるのみです。

□プレゼンの目的は？
□３つのポイントは？
□何の合意を得るのか？

この３つが確認できているかチェックを入れてください。
できていれば完璧です。
あとは成功を祈るのみです！

【参考文献】

People Styles at Work : Making Bad Relationships Good and Good Relationships Better Robert & Dorothy Bolton

Influence – The New Psychology of Modern Persuasion P.B.Cialdini Quill, New York

The Business of Communicating (1981) M.R.Davies & K.E.Kreis J.B.Nutting, K.E.Tronc McGraw Hill Book Company, Australia

Artistotle. The Art of Phetoric (1991) H.C.Lawson – Tancred Penguin Books, London

Intercultural Communication & Identity Beyond the Anthropology of Manners (1993) H.Irwin Australian Journal of Communication

Communication and Cross – Cultural Adaptation : An Integrated Theory Yun Kim Young Ultilingual Matters Ltd., Clevedon, USA

Intercultural Communication (1988) L.E.Sarbaugh, (Ed) Transacion Books, New Brunswick & Oxford

Language, Communication and Culture Current Directions (1989) F.Korzenny (Eds) & S.Ting – Toomey Sage Publications, Beverly Hills

Cultural Sensitivity & Management Communication Competence (1992) H.Irwin Australian Journal of Communication Chapter 19.2, Pages 126 – 139

著者プロフィール

中村　正光（なかむら　まさみつ）

横浜市在住。
アラガン・ジャパン株式会社代表取締役を経て、現在は国際企業の戦略立案及び戦略的ゴール達成のためのマネジメントに専念。
FMアカデミー代表取締役。
http://fm-academy.jp

本番力　プレゼン思考で変えるあなたの人生

2015年6月15日　初版第1刷発行

著　者　　中村　正光
発行者　　瓜谷　綱延
発行所　　株式会社文芸社
　　　　　〒160-0022　東京都新宿区新宿1-10-1
　　　　　　　　電話　03-5369-3060（編集）
　　　　　　　　　　　03-5369-2299（販売）

印刷所　　図書印刷株式会社

©Masamitsu Nakamura 2015 Printed in Japan
乱丁本・落丁本はお手数ですが小社販売部宛にお送りください。
送料小社負担にてお取り替えいたします。
ISBN978-4-286-16363-5